CRÉDIT FONCIER DE FRANCE.

ASSEMBLÉE GÉNÉRALE DES ACTIONNAIRES

Du 27 AVRIL 1863.

COMPTE RENDU

AU NOM

DU CONSEIL D'ADMINISTRATION

DU

CRÉDIT FONCIER DE FRANCE

PAR M. L. FREMY,

Conseiller d'État en service extraordinaire,

GOUVERNEUR,

ET OBSERVATIONS PRÉSENTÉES AU NOM DES CENSEURS

PAR M. PARAVEY, L'UN D'EUX.

EXERCICE 1862.

PARIS

IMPRIMERIE ADMINISTRATIVE DE PAUL DUPONT,

Rue de Grenelle-Saint-Honoré, 45.

—

1863

CRÉDIT FONCIER DE FRANCE.

Gouverneur :

M. L. FREMY (C. ✻), Conseiller d'Etat en service extraordinaire

Sous-Gouverneurs :

MM. DE SOUBEYRAN (O. ✻).
LEVIEZ (✻), Maître des Requêtes en service extraordinaire.

Administrateurs :

MM. BANÈS (✻), ancien Directeur de la Compagnie du chemin de fer de Paris à Orléans.
BARTHOLONY (Fois) (O. ✻), Président de la Compagnie du chemin de fer de Paris à Orléans.
COMTE BENOIST D'AZY (✻), ancien Représentant.
COMTE BRANICKI (XAVIER) (✻).
DAILLY (✻), Maître de poste à Paris.
DARBLAY aîné (O. ✻), ancien Député.
DUMAS (G. O. ✻), Sénateur, membre de l'Institut, ancien Ministre de l'agriculture et du commerce.
FIRINO (O. ✻), ancien Receveur général des Bouches-du-Rhône.
FOULD (ADOLPHE), de la maison Fould et Cie.
COMTE A. DE GERMINY (✻), Receveur général de la Seine-Inférieure.
HAILIG (O. ✻), ancien Président de la Chambre des Notaires de Paris.
HÉLY-D'OISSEL (✻), ancien Conseiller d'Etat.
LATIMIER DU CLÉSIEUX (O. ✻), Receveur général des Côtes-du-Nord, Régent de la Banque de France.
A. MAGNE (✻), Receveur général du Loiret.
MALLET (CHARLES), de la maison Mallet frères et Cie.
PEREIRE (EMILE) (O. ✻), Administrateur du Crédit mobilier, Président de la Compagnie des chemins de fer du Midi.
VICOMTE DE RAINNEVILLE (✻), ancien Conseiller d'Etat.
THIBAULT (✻), ancien Notaire à Paris.
WEST (✻), ancien Président de la Compagnie du chemin de fer de Strasbourg à Bâle.
WOLOWSKI (O. ✻), membre de l'Institut, ancien Représentant, Professeur de Législation industrielle au Conservatoire des arts et métiers.

Censeurs :

MM. COTELLE (O. ✻), Notaire honoraire.
DARBLAY jeune (O. ✻), Député au Corps législatif, Censeur à la Banque de France.
PARAVEY (✻), ancien Conseiller d'Etat.

COMPTE RENDU

AU NOM

DU CONSEIL D'ADMINISTRATION

DU

CRÉDIT FONCIER DE FRANCE.

Messieurs les Actionnaires,

L'année dernière, votre Conseil d'administration, déterminé par des motifs présents encore à vos esprits, a pensé que le moment était venu de compléter l'émission du capital de notre Société. Vos prêts à long terme, vous vous en souvenez, présentaient, au 31 décembre 1861, un solde de 306 millions auxquels la seule année 1861 avait contribué par un contingent de 112 millions. Vos dépôts de fonds et vos opérations de tout genre s'étaient accrus dans la même proportion. En présence de ces faits, nul ne pouvait douter que pour votre Société la période de formation ne fût close, et qu'il ne fallût désormais lui donner les bases et les moyens d'action que ses fondateurs lui avaient destinés pour le temps de sa croissance et de son entier développement.

Si cette mesure qui, vous le savez, s'est exécutée avec une extrême facilité, avait eu besoin d'une justification nouvelle, l'année 1862, dont nous avons aujourd'hui à vous rendre compte, se serait chargée de la fournir. Pendant cet exercice, en effet, l'extension de nos opérations s'est affermie et consolidée, et nous avons fait de nouveaux pas dans cette voie de progrès que nous sommes appelés à parcourir.

Telle est la conclusion qui ressortira, nous l'espérons, de l'examen dans lequel nous allons entrer des opérations de l'année 1862.

Nous parlerons d'abord de nos prêts qui constituent, vous le savez, notre opération fondamentale, celle autour de laquelle viennent se grouper toutes les autres. Les prêts appellent, en effet, l'émission des obligations qui les alimentent ; nos dépôts de fonds en compte courant, ainsi que notre caisse des titres, ne sont que les auxiliaires indispensables, les instruments nécessaires de cette émission. D'un autre côté, c'est pour préparer nos prêts ou pour compléter leur œuvre, que nous avons noué d'intimes relations avec le Crédit agricole et le Sous-Comptoir des entrepreneurs. Toutes ces affaires donnent lieu à un mouvement de caisse et à des travaux toujours croissants, et nous aurons à vous dire quelles mesures nous avons dû prendre pour que notre installation matérielle pût être mise en rapport avec les besoins de nos services.

Nous vous soumettrons ensuite le compte de profits et pertes, et nos propositions sur la répartition des bénéfices et la fixation du dividende.

DES PRÊTS.

Les prêts hypothécaires et les prêts communaux faits en 1861 montaient au total à............................ 115,165,319 fr. 12 c.

Ceux de l'année 1862, dont nous vous rendons compte, se sont élevés à un chiffre supérieur, c'est-à-dire à............................ 120,435,201

qui se décomposent ainsi :

Prêts hypothécaires..................	86,788,700
Prêts communaux..................	33,646,501

§ 1er. Prêts hypothécaires.

Avant d'étudier et de décomposer le chiffre de nos prêts hypothécaires, nous vous demandons la permission d'en rappeler en quelques mots les principaux caractères.

Il ne suffit pas de dire que ce sont des prêts à long terme. Il faut ajouter que les prêts se remboursent par un amortissement semestriel et que, tant que les annuités sont régulièrement payées, la restitution en bloc du capital emprunté ne peut être demandée au débiteur. Il faut dire encore que le long terme concédé à l'emprunteur est stipulé pour lui et non contre lui ; que le capital, s'il n'est jamais exigible, est au contraire toujours remboursable, et que le prêt n'a que la durée qu'il convient à l'emprunteur de lui donner.

Ainsi, après avoir contracté un prêt à long terme de cinquante années, par exemple, un emprunteur du Crédit foncier peut adopter l'un ou l'autre de ces deux partis. Ou bien il exécute le contrat dans son économie primitive; il paye les annuités convenues et qui dépassent à peine le taux habituel de l'intérêt des prêts hypothécaires. Il voit, par suite de ces payements, le capital de sa dette diminuer dans une progression qui, faible au commencement, ne tarde pas à s'accélérer. Au bout de 29 ans, le tiers du capital est éteint; après 37 ans, la moitié. A la cinquantième année, la libération totale est acquise. Elle s'est en quelque sorte accomplie comme d'elle-même et sans effort extraordinaire, sans brusque déplacement de capitaux, sans trouble apporté dans la composition du patrimoine. Tel est l'un des deux partis que peut adopter l'emprunteur ou sa famille. C'est celui qui sera souvent préféré, lorsque les fonds fournis par l'emprunt auront été placés d'une manière productive et donneront un profit supérieur aux annuités. Mais l'emprunteur peut aussi, si des ressources nouvelles lui surviennent, si l'état de sa fortune le lui permet, si ses convenances le lui conseillent, mettre fin au prêt quand bon lui semble, rembourser à toute époque la portion de capital qu'il doit encore. Il y a plus : le Crédit foncier reçoit toujours, à toutes les périodes du prêt, des remboursements partiels ; et ces remboursements déterminent une diminution correspondante dans le chiffre des annuités à servir. Car, veuillez bien, Messieurs, vous le rappeler, toute entrave au remboursement anticipé, ou partiel, ou total, a disparu depuis le jour, déjà ancien, où votre Conseil d'administration a fixé à 1/2 p. 0/0 seulement, c'est-à-dire à un sacrifice d'un mois environ d'intérêt, l'indemnité à payer par les emprunteurs qui usent de cette faculté.

Nous ne craignons donc pas de le dire : De tous les modes d'emprunt, l'emprunt à long terme du Crédit foncier est celui qui fait la plus large part à la liberté du débiteur, celui qui assure le mieux sa sécurité et qui pourvoit avec le plus de prévoyance aux intérêts des familles. Comme dans les prêts ordinaires, l'emprunteur peut se libérer au bout de trois ou de cinq ans, s'il le veut. Mais si, à cette époque, les ressources sur lesquelles il avait compté lui font défaut, il ne sera pas, comme dans un prêt à court terme contracté pour cinq années, obligé de solliciter des renouvellements onéreux ou exposé aux chances d'une expropriation. Quand la libération ne peut s'opérer du vivant du père de famille, du moins la dette n'est pas léguée tout entière aux héritiers; elle ne passe sur leur tête qu'atténuée par les amortissements déjà faits, et elle ne les astreint d'ailleurs qu'aux payements annuels et modérés qu'opérait leur auteur. Par la non-exigibilité du capital et par la faculté toujours ouverte du remboursement, les emprunts du Crédit foncier se rapprochent de l'emprunt en rente, et cette forme est celle que ses avantages ont fait préférer par tous les États. Par l'amortissement obligé qui leur est attaché, ils l'emportent sur cette forme elle-même. Ils renferment en effet en eux, avec l'amortissement, une force qui agit sans cesse au profit du débiteur, grandit avec le temps, use la dette et finit par l'anéantir.

En exposant ainsi les conditions de nos prêts, nous ne cédons pas au vain plaisir de louer des opérations que vous avez le mérite d'avoir mises, les premiers en France, à la portée des particuliers; nous croyons remplir un devoir et propager des notions utiles au public. Nous ne faisons au surplus que reproduire le langage que nous avons mille fois entendu dans la bouche de nos emprunteurs; les avantages de notre système de prêts sont chaque jour mieux compris, et tout nous porte à croire que le nombre de nos affaires, qui a tant grandi dans ces dernières années, doit continuer à s'accroître.

Vos prêts hypothécaires à long terme se sont élevés, en 1862 :

En nombre à 1,608.

En sommes à 86,610,100 fr.

En 1861, le nombre des prêts à long terme avait été de 1,158 pour une somme de 87,599,384 fr.

L'année 1862 a donc opéré 450 prêts de plus que l'année précédente, bien qu'elle ne présente, en sommes, qu'un chiffre à peu près égal. Vous connaissez la cause de cette apparente anomalie. Ainsi que nous vous l'avons dit l'année dernière, parmi les prêts de l'année 1861 figurait un prêt de 15 millions fait à un seul emprunteur, la Compagnie immobilière de Paris. Si l'on déduisait ce prêt exceptionnel du montant des prêts réalisés en 1861, on trouverait que la somme prêtée en 1862 a dépassé de 14,010,716 fr. celle prêtée en 1861.

Un fait analogue s'est produit en 1859. Bien que cette année comptât 116 prêts de plus que l'année 1858, néanmoins elle présentait dans le montant de la somme prêtée une diminution qui ne s'élevait pas à moins de 3,654,900 francs. La même cause avait produit les mêmes effets. L'année 1858 avait compris dans ses opérations votre premier prêt fait à la Compagnie immobilière, et qui était de 11 millions. Alors, comme aujourd'hui, si la progression en sommes n'avait pas suivi la progression en nombre, il ne fallait l'attribuer qu'au chiffre exceptionnel d'un seul des prêts de l'année précédente. C'est d'ailleurs dans la progression du nombre, ainsi que vos Censeurs le proclamaient en 1859, qu'il faut surtout voir le signe et la mesure du développement de nos affaires. Nous sommes heureux de constater que cette progression a dépassé cette année nos prévisions.

Nous appelons votre attention sur nos prêts de province. Dans le cours de l'année, leur nombre a été de 560 pour un total de 26,930,900 fr. Ces chiffres ont une grande importance, soit en eux-mêmes, soit par comparaison avec le passé. Veuillez vous souvenir que dans l'année 1859, qui pourtant était déjà une année prospère, nous n'avons fait, tant à Paris que dans les départements, que 343 prêts qui s'élevaient au total de 26,386,300 francs. Les prêts, faits en 1862. dans les départements seulement, dépassent en nombre, égalent en capitaux la totalité de ceux de l'année 1859.

En 1861, vous n'aviez fait dans les départements que 332 prêts pour une somme de 18,218,684 francs ; en 1860 que 199 prêts, montant à 12 millions, et en 1859 que 110 prêts montant à 6,000,000 de francs.

Le progrès a donc été rapide.

Dans un espace de quatre années, vos prêts réalisés dans les départements ont quadruplé en sommes et quintuplé quant au nombre. Il y a là un fait heureux et nouveau que nous mettrons tous nos efforts à développer et à féconder, et qui, en élargissant les bases de vos opérations, ne peut qu'en augmenter encore la solidité.

On a quelquefois reproché à votre Administration de consacrer exclusivement ses efforts aux prêts sur les immeubles de la capitale, et aux affaires dans lesquelles sont engagées des sommes considérables.

Vous venez de voir la première de ces accusations démentie par le progrès de nos opérations de province. La décomposition de nos prêts au point de vue de l'importance des sommes prêtées ne fait pas moins bonne justice de la seconde.

Les prêts de l'année 1862 se subdivisent ainsi :

Prêts de 1 million et au-dessus,	3	s'élevant à	6,700,000 fr.
— de 500,000 fr. à 1,000,000	5	—	3,995,000
— de 100,000 à 500,000 fr.	173	—	37,689,600
— de 50,000 à 100,000 fr.	218	—	17,598,500
— de 10,000 à 50,000 fr.	669	—	17,600,100
Au-dessous de 10,000	540	—	3,026,900

Les 3/4 de nos emprunteurs (1,209 prêts sur 1,608) sont compris dans les deux dernières catégories (prêts de 50,000 à 100,000 et prêts de 10,000 et au-dessus), et un tiers dans la dernière catégorie (prêts de 10,000 et au-dessous).

La moyenne générale des prêts de l'année est de 54,000 francs. Si l'on élimine les prêts de 1 million et au-dessus, cette moyenne s'abaisse à 49,000 francs. Calculée sur les deux dernières catégories (prêts de 50,000 et au-dessous), qui comprennent les 3/4 de nos emprunteurs, la moyenne n'est que de 17,000 francs, et enfin, la moyenne des prêts de la dernière catégorie (prêts de 10,000 et au-dessous) est de 5,500 francs. Dans cette dernière classe, composée de 540 emprunteurs, on trouve 208 prêts ne dépassant pas 4,000 francs.

Dans le total de nos prêts entrent 43 prêts faits en Algérie pour une somme de 627,900 francs.

En 1861, nous n'avions opéré en Algérie que 22 prêts hypothécaires pour une somme de 291,800 francs.

Depuis l'installation de notre service en Algérie il nous a été adressé de ce pays 184 demandes de prêts : 152 ont été accueillies, mais 46 ont été retirées après autorisation. Sur les 106 demandes maintenues, 65 avaient été réalisées à la fin de l'année 1862, représentant une somme totale de 919,700 francs ; le surplus, c'est-à-dire 41 demandes, montant ensemble à 310,400 francs, avaient fait l'objet d'actes conditionnels et devaient être réalisés dans un bref délai.

Ces prêts, qui sont réalisés ou ont fait l'objet d'actes conditionnels au 31 décembre 1862, forment un total de 106, s'élevant ensemble à .... 1,230,100 fr. » c.

Ils se répartissent ainsi :

1° Ville d'Alger, 17 prêts pour............	205,900
2° Autres villes et propriétés rurales dans le département d'Alger, 49 prêts pour	738,700
3° Département d'Oran, 8 prêts pour........	195,500
4° Département de Constantine, 1 prêt pour..	90,000
Total...............	1,001,100 fr.

En résumé, le nombre des prêts hypothécaires à long terme réalisés depuis la fondation de votre Société était, au 31 décembre 1862 de 5,549, pour une somme de....................... 362,187,414 fr. » c.

Sur cette somme, il a été recouvré par l'amortissement semestriel....................	8,702,663	16
Par les remboursements anticipés.........	20,104,326	49

En conséquence, il restait dû à votre Société au 31 décembre 1862....................	333,380,424 fr. 35 c.
A cette somme s'ajoutent aujourd'hui les prêts réalisés dans les premiers mois de 1863. Ces prêts se sont élevés en nombre à 494 et en sommes à........................	25,539,100
De plus, des actes conditionnels ont été passés pour 292 prêts s'élevant en sommes à.....	23,057,300
Total des prêts réalisés ou à l'état d'acte conditionnel du 1er janvier 1863 jusqu'à ce jour	48,596,400 fr.

Annuités des prêts hypothécaires.

Pendant l'année 1862, votre Société avait à recouvrer pour semestres

d'annuités échus......................	16,820,960 fr. 34 c.
Elle avait reçu au 31 décembre..........	16,194,796 fr. 89
Restait à recouvrer..................	626,163 fr. 45 c.
Cette somme de 626,163 fr. 45 c. se trouve aujourd'hui réduite à..................	278,986 90
Les annuités payées par avance au 1er janvier 1862 (l'échéance n'est fixée qu'au 31 du même mois) montaient au chiffre de.....	415,152 45
Sur le semestre échu le 31 janvier et dont le montant s'élevait à 9,996,763 fr. 47 c. il n'est plus dû aujourd'hui que............	869,791 33
En outre, votre Société a reçu pour le semestre échéant le 31 juillet prochain........	152,002 40
Ce qui porte à......................	567,154 fr. 85 c.

le montant des annuités payées par avance sur les semestres échéant en 1863.

§ 2. Prêts communaux.

Les prêts communaux se subdivisent pour l'année 1862 en deux catégories, ceux qui ont été faits en vertu de la loi générale du 6 juillet 1860 et ceux qui ont été consentis en exécution de la loi spéciale du 26 février 1862, et qui ont eu pour but de procurer aux communes, aux hospices et aux autres établissements publics les fonds nécessaires pour le payement de la soulte de conversion de leurs rentes 4 1/2 p. 0/0 en rentes 3 p. 0/0.

Nous nous occuperons d'abord des prêts de la première catégorie.

Il a été consenti, pendant le cours de l'année 1862, 313 prêts qui se répartissent ainsi :

290 prêts à des communes pour une somme de.	18,139,042 fr.	23 c.
9 prêts à des départements pour...........	7,607,000	»
13 prêts à des syndicats pour...............	867,000	»
1 prêt à court terme pour.................	6,000,000	

La destination des prêts faits aux communes consiste dans le remboursement des dettes anciennes, dans des travaux de voirie, de constructions ou réparations d'églises, de presbytères, de maisons d'école, de halles et marchés, des travaux de chemins vicinaux, de distributions et d'établissement de fontaines publiques.

Les emprunts des départements sont généralement destinés à des travaux de routes départementales. Ceux des syndicats à des constructions de digues et à l'ouverture de canaux d'irrigation.

Nous avons prêté à 263 établissements publics le montant de la soulte de conversion de leurs rentes.

Ces 263 établissements se décomposent ainsi :

90 bureaux de bienfaisance,
69 communes,
59 hospices,
32 fabriques,
2 consistoires,
11 fondations religieuses, communautés et œuvres diverses.

Le total de ces prêts s'est élevé à 1,033,462 fr. 05 c., ce qui donne pour chacun une moyenne de 3,900 fr.

Indépendamment de ces prêts directs faits aux communes, nous pouvons encore leur donner un utile concours en acceptant le transport des créances à long terme ou à court terme, constituées par elles au profit d'entrepreneurs ou de concessionnaires de travaux publics, ou de vendeurs d'immeubles, lorsque ces créances sont définitivement réglées et ne sont soumises à aucune clause résolutoire ni à aucune chance de réduction.

Les opérations de ce genre s'élèvent pour l'année 1862 à la somme de 6,000,000.

Au 31 décembre 1862, le solde des prêts communaux s'élevait à .... 76,879,362 fr. 41 c.

Il est aujourd'hui de.................... 88,326,751 78

Annuités des prêts communaux.

La Compagnie avait à recouvrer pendant l'année 1862, pour semestres d'annuités de prêts communaux, 2,707,981 fr. 49 c.. 2,689,680 fr. 10 c.

Elle avait reçu.........................	2,670,974	80
Restait à recouvrer...........	18,705	30

Cette somme est aujourd'hui intégralement payée.

Le semestre échéant le 31 janvier 1863 s'élevait à 1,958,496 fr. 01 c., et sur ce semestre il ne reste aujourd'hui à acquitter que la somme insignifiante de 156 fr. 30 c.

ÉMISSION D'OBLIGATIONS.

§ 1er. Obligations foncières.

Le nombre des obligations émises pendant l'année 1862 a été de 156,337, pour une somme de 71,268,800 fr., savoir :

Obligations 3 et 4 p. 0/0 :
24,344 titres pour une somme de......... 5,272,300 fr.

Obligations 5 p. 0/0 :
131,993 titres pour une somme de.......... 65,996,500

Si nous comparons le montant des sommes restant dues au 31 décembre

sur les prêts hypothécaires, soit..............	335,381,900 fr.	18 c.
au chiffre des obligations en circulation, déduction faite des titres libérés partiellement, soit........	329,304,800	»
Nous trouvons que le montant des prêts réalisés au 31 décembre excédait le montant des obligations de	6,077,100	18

Comme vous le voyez, cette situation donnait une large satisfaction au principe fondamental de nos opérations, d'après lequel nos obligations doivent toujours être couvertes par une somme de prêts au moins égale.

§ 2. **Obligations communales.**

Comme en 1861, nous nous sommes bornés à l'émission d'obligations communales 5 p. 0/0. Nous vous avons expliqué l'année dernière que cette mesure avait dû réagir sur les conditions de nos prêts aux communes. En 1862, comme dans la deuxième moitié de l'année 1861, nous avons stipulé dans nos prêts communaux, outre l'intérêt à 5 p. 0/0, une commission que nous avons abaissée à 40 centimes p. 0/0.

DÉPOTS EN COMPTE COURANT.

Le montant des sommes déposées pendant le cours de l'année 1862 a été de..............................	316,358,379 fr.	69 c.
Le solde, au 31 décembre 1862, était de.....	75,418,378	03
Dont :		
En compte courant....................	74,753,878	03
En bons de caisse....................	664,500	»
Total égal................	75,418,378	03

Le mouvement des dépôts et retraits a été de..	614,359,657	05
Il n'avait été, en 1861, que de.............	546,430,584	30
Différence en plus pour 1862....	67,929,072	75

Le nombre des titulaires des comptes courants, au 31 décembre 1862, était de 7,869, tandis qu'il n'était l'année dernière que de 6,743. L'augmentation est de 1,126. La moyenne de chaque compte est de 9,500 fr. environ.

Le taux de l'intérêt est, comme l'année dernière, resté fixé à 2 1/2 p. 0/0, et nous avons continué à opérer gratuitement le recouvrement des coupons de rentes, d'obligations et d'actions pour le compte des titulaires de nos comptes courants, ainsi que des receveurs généraux et des notaires correspondants du Crédit foncier.

Nous avons reçu à l'encaissement, pendant l'année 1862, 757,728 coupons montant en sommes à 19,575,067 fr. 57 c.

Une partie des fonds reçus en compte courant est, vous le savez, déposée par nous au Trésor, en exécution d'une disposition impérative de nos statuts. Le surplus est consacré ou à l'achat de bons du Trésor et de valeurs de même nature, ou à des avances qui ne peuvent excéder trois mois, et qui sont faites sur dépôt de nos obligations foncières ou communales et sur dépôt de titres acceptés comme garantie par la Banque de France. Nous répéterons ici ce que nous avons déjà dit bien des fois : c'est que les fonds que nous recevons en compte courant ne servent jamais à faire de prêts hypothécaires.

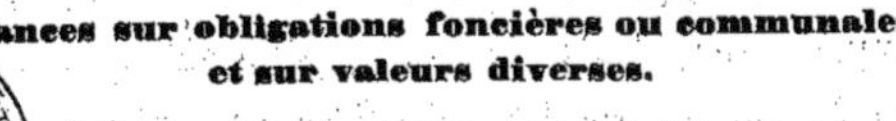

Avances sur obligations foncières ou communales et sur valeurs diverses.

Le montant des avances à trois mois sur obligations foncières pendant l'année 1862, en y comprenant le solde au 31 décembre 1861, a été

de..	28,218,010 fr.	» c.
sur lesquels il a été remboursé...............	18,796,349	»
de telle sorte qu'il restait dû à la Compagnie....	9,421,661	»

Le montant des avances à trois mois sur obligations communales a

été de..................................	6,524,533 fr.	22 c.
sur lesquels il a été remboursé...............	4,232,704	37
Il restait dû au 31 décembre 1862 un solde de...	2,291,828	85

D'après le dernier bilan publié par la Banque de France en 1862, le chiffre de ses avances sur obligations foncières était de 1,013,800.

Les avances à trois mois sur valeurs diverses, dont la nature est déterminée par les statuts, se sont élevées en 1862, en y comprenant le solde au 31 décembre 1861, à 30,100,645 fr. 40 c., sur lesquels il a été remboursé 27,960,424 fr. 19 c.; de telle sorte qu'au 31 décembre 1862, il restait un solde de 2,140,221, fr. 21 c.

Le mouvement des avances de toute nature a donné lieu, pendant l'année 1862, à 2,512 actes d'avances et à 1,918 remboursements.

Le solde, au 31 décembre, s'élevant à 13,853,711 fr. 06 c., se partageait entre 2,057 débiteurs.

Il était garanti par des titres d'une valeur de 20,362,907 fr. 57 c., de la manière suivante :

1,290 avances sur dépôt d'obligations foncières, s'élevant à une somme de 9,421,661 francs, par des titres d'une valeur de 12,113,400 fr.

647 avances sur dépôt de titres, s'élevant à une somme de 2,291,828 fr. 85 c., par des obligations communales d'une valeur de 4,014,300 fr.

Et enfin,

120 avances sur dépôt de valeurs diverses, admises par la Banque de France, s'élevant à une somme de 2,140,221 fr. 21 c., par des titres d'une valeur de 4,235,207 fr. 57 c.

CAISSE DES TITRES.

La caisse des titres, vous le savez, est chargée de l'émission de nos obligations; elle garde en dépôt celles de nos valeurs qui sont encore en portefeuille et celles qui sont la garantie d'avances et qui s'élevaient au 31 décembre 1862 à 20,362,907, fr. 57 c.

Elle a, en outre, un service de dépôts libres des obligations foncières ou communales au porteur, que le public désire confier entre nos mains et échanger contre des certificats nominatifs.

A la fin de l'année 1861, ces dépôts libres s'élevaient à :

	Titres.	Sommes.
Obligations foncières	118,114 fr.	48,300,400 fr.
Obligations communales	5,382	2,691,000
Les dépôts de 1862 ont été :		
Obligations foncières	99,957	45,722,700
Obligations communales	27,248	13,050,400
Ensemble	250,701	109,764,500 fr.
Les retraits n'ont été que de :		
Obligations foncières	34,443	12,088,000
Obligations communales	3,872	1,846,800
Total des retraits	38,315	13,934,800

Si du chiffre total des dépôts, soit....	250,701	109,764,500
On déduit le chiffre des retraits......	38,315	13,934,800
On trouve que l'excédant des dépôts est de	212,386	95,829,700

Ce solde appartient à 8,711 déposants.

CAISSE ET PORTEFEUILLE.

Les versements faits à la Caisse ont été, pendant l'année 1862, de 1,523,210,147 fr. 69 c., et ont présenté ainsi sur ceux de l'année 1861 un excédant de 364,820,596 fr. 65 c.

Le mouvement total, en y comprenant les payements et les recettes, et sans tenir compte du solde de l'année précédente, a été de 3,045,922,646 fr. 66 c., dépassant ainsi celui de l'année dernière d'une somme de 729,188,987 fr.

Les entrées du portefeuille ont été (en sus du solde au 1er janvier 1862), de 615,613,702 fr. 66 c., présentant sur celles de l'année 1861 un excédant de 326,219,642 fr. 90 c.

Le mouvement total du portefeuille a été, en 1862, de..................................	1,200,987,884 fr. 17 c.
Il avait été, en 1861, de.................	588,451,746 01
Différence en plus......	612,536,138 fr. 16 c.

HOTELS DE LA COMPAGNIE.

C'est en 1854 que votre Société a acheté, rue Neuve-des-Capucines, un hôtel destiné à l'installation de ses différents services. Cet hôtel, connu sous le nom d'hôtel Delamarre, comprenait les trois numéros 17, 19 et 21 ; il avait une contenance de 2,302^{m},40, et il a été acheté au prix de 1,250,000 francs. Après les constructions et réparations nécessaires pour l'approprier à vos besoins, il vous revenait, en y comprenant les frais d'actes, à 1,626,175 francs. Quatre ans plus tard, vous avez joint à cette première acquisition l'hôtel Septeuil, portant le numéro 15 de la rue des Capucines, et qui, par sa proximité comme par le caractère de ses constructions, formait une véritable dépendance de l'hôtel Delamarre. L'hôtel Septeuil, d'une contenance de 1,084^{m},10, a été acheté, frais compris, pour une somme de 828,000 francs. Après avoir été, pendant quelque temps, laissé pour partie à l'état de location, il a bientôt été absorbé tout entier par vos bureaux.

Au 31 décembre 1861 vous possédiez ainsi deux immeubles d'une contenance totale de 3,386^{m},50, et dont les frais d'acquisition et d'appropriation s'élevaient à 2,729,003 fr. 29.

Mais depuis longtemps déjà l'insuffisance de votre installation se faisait vivement sentir. Tous vos services, examen des titres, comptabilité, dépôts de valeurs et caisses se trouvaient resserrés dans des limites matérielles qui en gênaient la bonne exécution, et l'accroissement continu de vos opérations nous forçait d'envisager le moment prochain où se produiraient des exigences plus impérieuses encore. Quelques personnes allaient jusqu'à se demander s'il vous serait possible de conserver votre siége social au centre de Paris et au lieu où il est établi depuis 1854. Nous avons voulu nous mettre en garde contre ces éventualités, pourvoir au présent et assurer l'avenir.

Une occasion s'est présentée d'acquérir la propriété située place Vendôme, numéro 19, dont la contenance est de 3,420^{m},70, et qui n'est séparée des hôtels Delamarre et Septeuil que par un mur mitoyen qui les cotoie sur une étendue de 55m,26.

Cette acquisition a été faite au prix de 2,650,000 francs.

Elle vous permettra de donner successivement à l'installation de vos services les extensions indispensables.

Elle complète l'ensemble de vos immeubles qui présentent aujourd'hui, entre la rue des Capucines et la place Vendôme, une étendue totale de 6,807m,20 et une superficie construite de 3,468m,45.

Ces immeubles figurent dans votre actif pour la somme de 5,572,782 fr. 52 c., frais d'appropriation compris ; ce chiffre est certes au-dessous de la valeur réelle, puisque, ne dût-on évaluer le terrain qu'à 700 francs le mètre et la superficie bâtie qu'à 400 francs, on arriverait encore à un total de 6,152,420 francs.

Les opérations que vous traitez directement ne sont pas, vous le savez, le mode unique de votre intervention. Il nous reste, pour compléter l'exposé de nos affaires, à vous entretenir de nos relations avec le Crédit agricole et avec le Sous-Comptoir des entrepreneurs.

CRÉDIT AGRICOLE.

Les relations du Crédit foncier avec le Crédit agricole se sont multipliées en même temps que grandissaient les opérations de ce nouvel établissement de crédit. Nos comptes ont présenté un mouvement de 113,848,770 fr. 27 c., tandis qu'en 1861 ce mouvement n'était que de 81,445,396 fr. 52 c. La différence au profit de 1862 est de 32,403,373 fr. 75 c. Nous croyons inutile de revenir sur des explications et des détails qui ont été donnés avec étendue il y a deux jours à la plupart d'entre vous au sein de l'Assemblée du Crédit agricole.

Il suffira de vous rappeler qu'à raison de l'accroissement du nombre des affaires du Crédit agricole, le chiffre de son abonnement pour la portion de ses frais d'administration dont le Crédit foncier s'est chargé, a dû être porté pour l'année 1862 à une somme de 140,000 fr. au lieu de 99,000 fr., somme fixée l'année dernière.

SOUS-COMPTOIR DES ENTREPRENEURS.

Au 31 décembre 1862, le nombre des crédits ouverts par le Sous-Comptoir des entrepreneurs et approuvés par le Crédit foncier, déduction faite des crédits remboursés ou expirés, était de 453, s'élevant à une somme de 44,864,486 fr. 90 c.

Ces crédits se subdivisaient ainsi :

Crédits sur hypothèque, 409 pour une somme de	36,240,052 fr.	» c.
Crédits sur nantissement de créances et valeurs, 44 pour une somme de	8,624,434	90
Sur ces crédits, il avait été versé par le Crédit foncier, au moyen de l'escompte des effets des accrédités, endossés par le Sous-Comptoir	23,373,810	50
ainsi répartis :		
Crédits hypothécaires	17,699,415	65
Crédits sur nantissements	5,674,394	85

Le chiffre total des effets escomptés, si l'on ajoute aux billets primitifs ceux qui ont été souscrits en renouvellement, a été, en 1862, de 82,966,490 fr. 16 c.

Au 31 décembre de l'année 1861, la somme des crédits ouverts n'était que de.................	28,837,244	»
et le montant des sommes versées n'était que de..	10,208,171	85

Le total des effets escomptés en 1861 n'avait été que de 35,685,774 fr. 85 centimes.

Le montant des commissions prélevées par le Crédit foncier sur les opérations faites avec l'intervention du Sous-Comptoir, s'est élevé en

1862, à..................................	189,628	79
En 1861 il était seulement de................	61,400	41

L'exercice 1862 présente donc une augmentation de 126,000, soit 200 p. 0/0.

RÉPARTITION DES BÉNÉFICES.

Les produits bruts de l'exercice 1862 se sont élevés à..............................		28,319,520 fr.	91
Les dépenses ont été de................		24,367,601	23
Excédant du produit sur les dépenses.....		3,951,919 fr.	68
Il a été distribué aux 60,000 actions anciennes un dividende provisoire de 5 p. 0/0, ci.......................	750,000 fr.		
et aux 60,000 actions nouvelles un intérêt de 5 p. 0/0 pendant six mois sur la somme de 50 francs par action versée au milieu de l'exercice, ci...............	75,000 fr.		
Soit au total..........................		825,000 fr.	»
Reste.........		3,126,919 fr.	68.

Que nous vous proposons d'employer de la manière suivante :

1° Au fond de réserve statutaire 15 p. 0/0.	469,038 fr. »
2° A un dividende de 27 fr. 50, qui serait payé aux 60,000 actions anciennes, les seules, vous le savez, qui, d'après les conditions de l'émission des actions nouvelles, aient droit, jusqu'au moment où il s'agira de la répartition des produits de l'exercice 1864, à un dividende supérieur à l'intérêt du capital versé.	
Ce dividende de 27 fr. 50, ajouté aux 12 fr. 50 déjà distribués à ces actions, formera un revenu de 40 francs par action ancienne......	1,650,000 fr. »
Quant à la somme de..................	1,007,881 fr. 68

nous la reporterions à l'exercice suivant, pour former ces réserves spéciales que nous avons annoncées l'année dernière, et qui devront être prélevées sur les produits des années 1862 et 1863, afin d'assurer, au moment de la répartition des produits de l'année 1864, le même revenu aux deux séries d'actions.

Grâce à cette mesure, nous avons lieu de penser que lorsque le moment sera venu du partage égal entre tous les titres de votre Société, cette transition s'opérera sans ébranler la stabilité et même probablement sans arrêter la progression habituelle de vos dividendes.

Si vous approuvez nos propositions, nos réserves seraient ainsi constituées:

Réserve statutaire.............	2,281,292 fr.	57 c.
	469,038	»
	2,750,330	57
Réserve immobilière...........	2,728,511	29
auxquels il faut ajouter un fonds de prévoyance de....................................	456,851	21
et un fonds de provision pour le service des obligations qui s'élève à......................	1,683,528	65
Total des réserves et provisions........	7,619,221 fr.	72 c.

indépendamment de la somme de 1,007,881 fr. 68 c. portée à l'exercice suivant.

Le tableau que nous avons eu l'honneur de mettre sous vos yeux présente, vous le voyez, une situation plus favorable encore pour cette année que pour les années précédentes. Les établissements qui nous entourent jouissent d'une grande prospérité, et le public nous accorde cette confiance raisonnée sur laquelle repose le véritable crédit.

Or, le crédit est l'âme de vos opérations. C'est lui seul qui assure à des conditions avantageuses le placement des obligations, aliment de vos prêts.

Votre Conseil d'administration met tous ses efforts et tous ses soins à le consolider et à le fortifier. C'est pour le préserver de toute atteinte que dans de longues et laborieuses séances il soumet à un examen scrupuleux chaçune des demandes de prêt adressées à votre Société, et qu'il apporte à cet examen un esprit d'équité et de mesure, aussi éloigné de la rigueur que de la témérité. Je ne puis rendre une trop éclatante justice aux collaborateurs éminents que vos suffrages m'ont associés. Leur sage direction trouve des agents dévoués dans les chefs et employés de tous grades qui préparent et exécutent leurs décisions. A tous les rangs de ce personnel, que le progrès des affaires accroît chaque jour, il règne un zèle et une activité que j'ai eu plusieurs fois l'honneur de louer devant vous, et que vous avez voulu reconnaître en instituant et en dotant une caisse de retraite pour les employés du Crédit foncier. Vous apprendrez avec satisfaction que cette caisse a reçu cette année le don d'une somme de 10,000 fr. (1). Je suis heureux de remercier publiquement le généreux auteur de cette libéralité. La caisse des retraites possède aujourd'hui un actif qui s'élève à 167,402 fr. 82 c. Ce chiffre satisfaisant confirme les calculs sur lesquels elle repose; et nous avons tout lieu d'espérer qu'elle sera en mesure de faire face aux engagements que lui réserve l'avenir.

Une place est devenue vacante dans le Conseil d'administration par la retraite de M. Fontenilliat, qui a cessé ses fonctions de receveur général. Le Conseil gardera le souvenir de l'expérience qu'il apportait dans ses délibérations.

(1) Don de 10,000 fr. à la caisse des retraites des employés, fait par M. Sébastien de Neufville, le 6 janvier 1863.

En exécution de l'article 26 des Statuts, le Conseil a pourvu provisoirement à cette vacance en appelant à siéger dans son sein, en qualité de receveur général, M. le comte Adrien de Germiny, que son mérite personnel et son nom, justement cher au Crédit foncier, désignaient à nos suffrages.

Nous avons l'honneur de proposer ce choix à votre approbation.

M. Fontenilliat qui, par suite de la cessation de ses fonctions de Receveur général, a dû nous quitter il y a quelques mois, était l'un des membres que l'ordre d'ancienneté désignait cette année comme sortant.

Les trois autres Administrateurs sortants sont :

MM. Charles Mallet ;
Darblay aîné ;
Émile Pereire ;

L'ordre d'ancienneté désigne M. Cotelle comme Censeur sortant en 1863.

Les membres sortants peuvent être réélus.

OBSERVATIONS

PRÉSENTÉES

AU NOM DE MM. LES CENSEURS

Par M. PARAVEY, l'un d'eux.

Messieurs,

Nous venons vous dire tous les ans presque les mêmes choses; nous pouvons heureusement le faire en peu de mots. C'est un rôle incommode, mais dont il ne faut pas nous plaindre, puisque la monotonie à laquelle il nous condamne est celle de la persistance, je me trompe, celle du progrès dans le bien.

Vous avez vu, par le Rapport si précis et si complet que vous venez d'entendre, que l'année dont les comptes vous sont soumis ressemble aux précédentes, parce que non-seulement elle les continue, mais qu'elle les dépasse. Vous avez suivi avec intérêt ce mouvement progressif qui n'a pas cessé de se produire dans toutes nos branches de service et qui a ajouté aux résultats de l'exercice 1861, plus productif que tous ceux qui l'avaient précédé, des résultats encore supérieurs :

Augmentation de près des deux cinquièmes (de 1,158 à 1,608) dans le nombre des prêts hypothécaires, quoique, par une circonstance particulière que vous a expliquée M. le Gouverneur, le chiffre en ait été à peu près égal à celui des prêts de l'exercice précédent;

Augmentation dans le nombre et l'importance des prêts communaux (de 56 à 313 pour le nombre; de 29,793,000 francs à 33,646,000 francs pour leur montant);

Augmentation de 67,929,072 fr. 75 c. dans le mouvement des dépôts en compte courant; de 755 dans le nombre des comptes ouverts; de 24,099,722 fr. 13 c. dans le montant de nos versements au Trésor;

Augmentation de 32,403,373 fr. 75 c. dans le mouvement de nos affaires avec le Crédit agricole ; de 47,280,715 fr. 31 c. dans le montant des effets escomptés au Sous-Comptoir des entrepreneurs ;

Augmentation de 364,820,596 fr. 65 c. dans les versements faits à la caisse, et de 729,188,987 francs dans son mouvement général ; de 326,219,642 fr. 90 c. dans le montant des effets entrés en portefeuille et de 612,536,138 fr. 16 c. dans le mouvement total du portefeuille.

Je passe les détails pour ne m'attacher qu'aux chiffres les plus significatifs, et vous ne perdrez pas de vue que ces chiffres si considérables représentent non pas ce que l'année 1862 a ajouté aux résultats des exercices antérieurs, mais seulement ce dont elle excède les résultats de l'année 1861, la plus active, la plus remplie et la plus fructueuse jusqu'alors.

Enfin, Messieurs, comme conséquence de tous les progrès que je viens de vous signaler, une augmentation de 1,428,118 fr. 42 c. sur le bénéfice propre à l'exercice; augmentation qui, même si on veut tenir compte à celui de 1861 d'une somme de 601,103 fr. 50 c. qu'il a touchée pour solde de la subvention de l'État que l'année suivante ne pouvait reproduire et qui ne constitue pas un produit normal de nos opérations, s'élève encore au chiffre de 827,014 fr. 92 c. en faveur de 1862.

L'ensemble du bénéfice afférent à cette année est, comme vous venez de l'entendre dans le Rapport de M. le Gouverneur, de 3,951,919 f. 68 c., sur lesquels il a été distribué, à titre d'intérêt ou de dividende provisoire, une somme de 825,000 fr., laissant à employer, conformément aux statuts et à la délibération que vous allez prendre, un solde de 3 millions 126,919 fr. 68 c.

L'examen attentif que nous avons fait des comptes et de l'inventaire de la Compagnie ne nous laisse pas de doute sur la réalité de ce bénéfice, et les propositions que le Conseil d'administration vous fait pour son emploi nous paraissent de nature à satisfaire le légitime intérêt des actionnaires, en même temps qu'à couvrir toutes les éventualités inséparables d'un mouvement d'affaires aussi considérable que le nôtre.

Nous n'avons pas besoin de justifier près de vous la plus importante de ces propositions : celle de reporter à l'exercice suivant une somme de 1,007,881 fr. 68 c., pour former les réserves spéciales que le Rapport de M. le Gouverneur vous avait annoncées l'année dernière et qui devront encore être prélevées sur les produits de l'exercice courant, afin d'assurer, autant que possible, à la fin de 1864, aux deux séries d'actions qui seront alors sur le même pied, un revenu qui ne soit pas inférieur à celui que le développement de notre prospérité a réalisé jusqu'à présent au profit des actions de la première série.

Le désir de ne rien négliger de ce qui peut contribuer à ce résultat a déterminé votre Conseil d'administration à vous proposer, pour augmenter le chiffre à reporter à compte nouveau, de limiter cette année à 15 p. 0/0 du bénéfice, le prélèvement au profit de la réserve statutaire, au lieu du maximum de 20 p. 0/0 que votre sagesse, d'accord avec la sienne, avait généralement adopté jusqu'ici. Il ne l'aurait pas fait, malgré l'importance du but qu'il voulait atteindre par ce changement d'imputation, si, grâce à l'accroissement de nos bénéfices, les 15 p. 0/0 de cette année ne se trouvaient encore supérieurs aux 20 p. 0/0 de l'année dernière; car il conserve la conviction à laquelle vous vous êtes toujours associés, que les fortes réserves font les bonnes affaires, et que la prévoyance pour l'avenir est le complément nécessaire de la diligence et de la sévérité dans le présent.

Il est une troisième garantie de succès qui ne nous manque pas plus que les autres et dont nous sommes heureux de pouvoir chaque année vous rendre le même témoignage : c'est la bonne volonté et la bonne harmonie de tous ceux qui concourent à la gestion de vos intérêts et au développement d'une œuvre dont l'utilité et la grandeur ne se bornent pas, pour vous-mêmes, aux bénéfices qu'elle vous procure.

ASSEMBLÉE GÉNÉRALE DU 27 AVRIL 1863.

RÉSOLUTIONS.

I.

L'Assemblée approuve, à l'unanimité, les comptes présentés, et fixe à 40 fr. le dividende de l'exercice 1862.

En conséquence, il sera distribué aux actions de la première série un supplément de 27 fr. 50 c. par action qui, joint à la distribution de 12 fr. 50 c. faite le 31 décembre 1862, complète la somme de 40 francs.

II.

L'Assemblée décide, à l'unanimité, qu'une somme de 469,038 fr. sera portée au fonds de réserve statutaire.

III.

L'Assemblée, en exécution des articles 24 et 36 des statuts, nomme :

Administrateurs pour cinq ans,

MM. Charles Mallet,
Darblay aîné,
Émile Pereire,
Comte Adrien de Germiny;

Et *Censeur pour trois ans*,

M. Cotelle.

ANNEXES.

CRÉDIT FONCIER DE FRANCE.

N° 1. — SITUATION AU 31 DÉCEMBRE 1862.

ACTIF.

			fr.	c.
Actionnaires			38,888,550	»
Caisse et Portefeuille			18,192,336	27
Trésor et placements temporaires			65,107,788	52
Avances sur titres			13,853,711	06
Receveurs généraux			2,987,320	48
Crédit agricole			7,465,451	59
Titres laissés en dépôt par les emprunteurs. (Prêts hypothécaires différés)			10,778,500	»
Porteurs d'Obligations foncières libérées partiellement			5,280,300	»
Emprunteurs	Prêts hypothécaires à long terme	333,380,424 fr. 35 c.	412,261,262	59
	Prêts hypothécaires à court terme	1,498,000 »		
	Prêts aux communes et aux établissements publics	76,879,362 41		
	Prêts pour travaux de drainage	503,475 83		
Prêts en réalisation			7,792,761	50
Semestres d'annuités échus :	des prêts hypothécaires	626,163 45	644,868	75
	des prêts communaux	18,705 30		
Hôtels de la Compagnie			5,572,782	52
Mobilier			213,523	96
Réescomptes			6,085,540	62
Divers			2,115,062	74
		Total de l'ACTIF	597,239,760	60

PASSIF.

			fr.	c.
Capital social	réalisé	21,111,450 fr. » c.	60,000,000	»
	à réaliser	38,888,550 »		
Réserves de la Compagnie	statutaire	2,281,292 57	5,466,655	07
	immobilière	2,728,511 29		
	fonds de prévoyance	456,851 21		
Provisions pour le service des obligations			1,683,528	65
Obligations foncières en circulation			329,304,800	»
Obligations communales en circulation			69,023,744	85
Promesses d'Obligations en circulation :	Sommes versées	1,112,200 »	6,392,300	»
	Sommes à réaliser	5,280,300 »		
Prêts hypothécaires différés		11,272,324 86	30,288,071	71
Prêts communaux différés		19,015,746 85		
Dépôts de fonds			76,509,593	20
Sous-Comptoir des Entrepreneurs			8,821,605	08
Correspondants			790,951	29
Caisse de Retraite des Employés			149,811	25
Obligations sorties aux tirages à rembourser			1,556,100	»
Intérêts, primes, lots et dividendes à payer			2,521,872	75
Somme restant due sur le prix des immeubles			2,670,000	»
Divers			3,103,506	47
			593,287,840	92
		Excédant de l'ACTIF sur le PASSIF	3,951,919	68
			597,239,760	60

N° 2. — EXTRAIT DU COMPTE DE PROFITS ET PERTES DE L'EXERCICE 1862.

DOIT.

		fr.	c.
Intérêts, primes et lots des Obligations en circulation		17,010,146	78
Commissions de banque et autres		209,295	02
Enregistrement et timbre		65,931	92
Entretien des immeubles, amortissement du mobilier, divers		124,275	86
Dépenses administratives	Personnel	874,652	70
	Matériel, impressions et frais divers	438,774	54
Service des Receveurs généraux		88,000	»
Subvention de la Société à la Caisse de Retraite des Employés		24,693	»
		18,835,779	84
	Bénéfice net	3,951,919	68
		22,787,690	52

AVOIR.

	fr.	c.
Intérêts des prêts réalisés	17,512,454	69
Allocations pour frais d'administration des prêts	2,035,868	09
Produits divers	920,247	74
Intérêts du capital social et des réserves	1,206,893	65
Bénéfices des dépôts de fonds	783,787	56
Bénéfices sur les escomptes au Sous-Comptoir des Entrepreneurs	189,628	79
Abonnement du Crédit agricole	140,000	»
	22,787,690	52

TABLEAU GÉNÉRAL DES OPÉRATIONS

du Crédit foncier de France en 1860, 1861 et 1862.

PRÊTS, AVANCES OU CRÉDITS.

N° 3.

NATURE DES OPÉRATIONS.	1860.		1861.		1862.	
	FR.	C.	FR.	C.	FR.	C.
Prêts hypothécaires à long terme	48,054,300	»	87,307,584	»	86,982,200	»
Id. à court terme	1,856,000	»	2,500,000	»	»	»
Prêts pour travaux de drainage	131,800	»	172,950	»	178,600	»
Prêts hypothécaires en Algérie	»	»	291,300	»	627,900	»
Prêts communaux	19,178,145	»	24,892,985	12	33,646,504	»
Avances sur obligations foncières	11,444,635	80	32,227,011	33	9,229,671	85
Id. Id. communales	»	»	4,944,370	26	6,327,384	62
Id. sur valeurs diverses	62,686,778	51	7,789,520	77	27,612,074	20
Crédits du Sous-Comptoir des Entrepreneurs approuvés par le Crédit foncier de France — sur hypothèque	12,580,168	»	15,185,200	»	16,940,132	»
Id. — sur nantissement	654,749	»	4,056,508	»	4,957,290	90
TOTAUX	156,123,596	31	179,367,929	47	184,501,764	57

TABLEAU DES PRÊTS MENSUELS

DU CRÉDIT FONCIER DE FRANCE EN 1860, 1861 ET 1862.

N° 4.

MOIS.	1860. PRÊTS hypothécaires.	1860. PRÊTS communaux.	1860. TOTAL.	1861. PRÊTS hypothécaires.	1861. PRÊTS communaux.	1861. TOTAL.	1862. PRÊTS hypothécaires.	1862. PRÊTS communaux.	1862. TOTAL.
	FR.	FR.	FR.	FR.	FR.	FR.	FR.	FR.	FR.
Janvier	2,826,500	»	2,826,500	20,189,884	1,521,783	21,711,667	9,623,400	11,878,589	21,501,989
Février	2,548,500	»	2,548,500	3,885,400	2,403,000	6,288,400	5,749,700	641,500	6,391,100
Mars	4,150,000	»	4,150,000	3,009,000	»	3,009,000	6,237,500	2,623,868	8,861,368
Avril	3,663,000	»	3,663,000	6,469,000	1,650,000	8,119,000	9,385,500	2,647,976	12,033,476
Mai	3,107,000	»	3,107,000	3,933,500	251,375	4,184,875	6,735,500	740,344	7,475,844
Juin	5,979,000	»	5,979,000	6,179,000	2,173,375	8,352,375	6,790,000	2,268,838	9,058,838
Juillet	4,648,000	»	4,648,000	7,407,200	15,835,306	23,242,506	7,676,000	1,598,440	9,274,440
Août	3,063,000	»	3,063,000	7,844,600	»	7,844,600	6,216,200	1,283,447	7,499,647
Septembre	7,018,300	»	7,018,300	5,440,100	1,007,946	6,448,046	5,038,500	2,211,684	7,250,184
Octobre	3,560,000	»	3,560,000	9,300,900	33,000	9,333,900	6,564,100	422,158	6,986,258
Novembre	2,747,000	18,648,645	21,395,645	6,794,700	4,700	6,799,400	7,342,700	706,239	8,048,939
Décembre	4,740,000	529,500	5,269,500	3,146,100	12,500	3,158,600	9,251,000	6,623,518	15,874,518
TOTAUX	48,054,300	19,178,145	67,232,445	87,399,384	24,892,985	112,492,369	86,610,100	33,646,504	120,256,604

CLASSEMENT DES PRÊTS HYPOTHÉCAIRES.

N° 5. 1° D'APRÈS LEUR IMPORTANCE.

ANNÉES.	AU-DESSUS de 1,000,000.		De 500,000 à 1,000,000.		De 100,000 à 500,000.		De 50,000 à 100,000.		De 10,000 à 50,000.		AU-DESSOUS de 10,000.		TOTAL.	
	NOMBRE.	SOMMES.	NOMBRE.	SOMMES.	NOMBRE.	SOMMES.	NOMBRE.	SOMMES.	NOMBRE.	SOMMES.	NOMBRE.	SOMMES.	NOMBRE.	SOMMES.
		FR.		FR.		FR.		FR.		FR.		FR.		FR.
1853 à 1859	3	16,000,000	27	18,590,000	334	60,899,000	329	21,328,850	871	20,692,380	519	2,416,400	2,074	139,923,630
1860	2	5,500,000	6	4,002,000	99	20,909,000	111	8,517,000	314	8,121,500	177	1,004,800	709	48,054,300
1861	3	20,000,000	8	5,970,000	102	32,784,000	168	13,827,384	472	13,037,700	345	1,980,300	1,158	87,599,384
1862	3	6,700,000	5	3,995,000	173	37,689,600	218	17,598,500	669	17,600,100	540	3,026,000	1,608	86,610,100
TOTAUX	11	48,200,000	46	32,557,000	768	152,281,600	847	61,259,734	2,326	59,451,680	1,581	8,427,400	5,549	362,187,414

N° 6. 2° D'APRÈS LEUR DURÉE.

ANNÉES.	De 10 à 19 ans.		De 20 ans.		De 21 à 30 ans.		De 31 à 40 ans.		De 49 à 49 ans.		De 50 ans.		De 60 ans.		TOTAL.	
	NOMBRE.	SOMMES.	NOMBRE.	SOMMES.	NOMBRE.	SOMMES.	NOMBRE.	SOMMES.	NOMBRE.	SOMMES.	NOMBRE.	SOMMES.	NOMBRE.	SOMMES.	NOMBRE.	SOMMES.
		FR.		FR.		FR.		FR.		FR.		FR.		FR.		FR.
1853 à 1859	9	289,000	179	7,168,780	85	2,815,930	38	2,738,600	583	60,211,724	1,179	65,674,576	1	6,000	2,074	139,923,630
1860	39	1,494,500	83	659,043	32	1,804,000	16	270,000	552	34,818,341	37	9,008,416	»	»	709	48,054,300
1861	57	1,501,100	47	1,254,200	71	2,250,500	29	1,111,700	426	25,373,884	537	56,208,200	»	»	1,158	87,599,384
1862	62	1,501,700	52	2,037,200	91	3,106,200	20	936,000	78	9,654,000	1,296	69,263,000	»	»	1,608	86,610,100
TOTAUX	167	4,786,300	361	11,139,223	279	9,975,760	103	5,076,100	1,639	130,057,949	3,049	201,156,092	1	6,000	5,549	362,187,414

N° 7. 3° D'APRÈS LA SITUATION DES IMMEUBLES.

ANNÉES.	DÉPARTEMENT DE LA SEINE.		AUTRES DÉPARTEMENTS.		TOTAL.	
	NOMBRE.	SOMMES.	NOMBRE.	SOMMES.	NOMBRE.	SOMMES.
		FR.		FR.		FR.
1853 à 1859	1,068	95,478,200	1,006	43,445,430	2,074	139,923,630
1860	310	35,437,000	109	12,617,300	709	48,054,300
1861	826	69,380,700	332	18,218,684	1,158	87,599,384
1862	1,048	59,579,200	560	26,930,900	1,608	86,610,100
TOTAUX	3,452	200,975,100	2,097	161,212,314	5,549	362,187,414

MONTANT DES PRÊTS RÉALISÉS

AU 31 DÉCEMBRE 1862

N° 8. **PAR DÉPARTEMENTS.**

DÉPARTEMENTS.	MONTANT DES PRÊTS.	
	NOMBRE.	SOMMES.
Ain	14	126,681 29
Aisne	35	1,527,792 31
Allier	38	1,776,852 03
Alpes (Basses-)	7	351,000 »
Alpes (Hautes-)	10	144,975 56
Alpes-Maritimes	8	3,271,821 12
Ardèche	10	280,800 »
Ardennes	5	441,348 66
Ariége	14	172,086 15
Aube	11	1,399,000 »
Aude	8	174,991 02
Aveyron	15	229,500 »
Bouches-du-Rhône	168	35,227,338 54
Calvados	61	2,030,394 99
Cantal	5	44,953 33
Charrente	7	409,500 »
Charente-Inférieure	17	734,307 75
Cher	56	3,257,307 76
Corrèze	46	1,2[illegible]1,400 »
Corse	9	1,438,590 39
Côte-d'Or	16	1,008,409 »
Côtes-du-Nord	13	963,007 18
Creuse	8	354,500 »
Dordogue	69	2,959,700 »
Doubs	19	2,440,600 »
Drôme	21	921,741 19
Eure	27	688,075 95
Eure-et-Loir	20	1,891,000 »
Finistère	10	431,500 »
Gard	13	966,865 63
Garonne (Haute-)	18	2,637,884 13
Gers	13	333,670 11
Gironde	51	2,442,400 »
Hérault	21	2,098,807 07
Ille-et-Vilaine	14	663,721 50
Indre	51	2,428,593 83
Indre-et-Loire	18	922,363 21
Isère	31	1,944,683 »
Jura	8	819,037 67
Landes	13	126,877 84
Loir-et-Cher	19	1,405,000 »
Loire	24	1,402,300 »
Loire (Haute-)	14	106,567 54
Loire-Inférieure	17	403,825 24
Loiret	48	1,79 ,863 24
Lot	7	103,641 41
À REPORTER	1,127	86,557,266 64
REPORT	1,127	86,557,266 64
Lot-et-Garonne	4	47,067 55
Lozère	10	116,500 »
Maine-et-Loire	8	219,450 »
Manche	26	1,575,743 08
Marne	37	1,401,592 »
Marne (Haute-)	10	1,590,186 22
Mayenne	8	195,862 31
Meurthe	19	711,101 20
Meuse	4	78,252 20
Morbihan	12	241,386 40
Moselle	11	321,500 »
Nièvre	114	6,440,226 74
Nord	28	3,197,914 36
Oise	37	2,555,637 94
Orne	18	791,415 80
Pas-de-Calais	20	1,165,220 11
Puy-de-Dôme	7	171,759 43
Pyrénées (Basses-)	44	3,659,3 2 28
Pyrénées (Hautes-)	7	357,000 »
Pyrénées-Orientales	3	213,000 »
Rhin (Bas-)	10	93,900 »
Rhin (Haut-)	5	280,022 57
Rhône	36	15,766,500 »
S ône (Haute-)	6	693,500 »
Saône-et-Loire	29	2,080,769 90
Sarthe	14	1,195,829 39
Savoie	139	3,225,662 02
Savoie (Haute-)	133	1,863,372 21
Seine	3,506	278,909,861 59
Seine-Inférieure	89	9,674,861 41
Seine-et-Marne	91	6,553,979 22
Seine-et-Oise	309	8,764,441 57
Sevres (Deux-)	8	586,145 73
Somme	31	816,072 10
Tarn	10	254,000 »
Tarn et Garonne	4	215,000 »
Var	22	925,265 02
Vaucluse	31	1,9565,98 36
Vendée	6	206,000 »
Vienne	43	1,165,251 16
Vienne (Haute-)	57	3,943,624 23
Vosges	7	1,213,400 »
Yonne	45	2,966,267 66
Algérie	67	1,999,700 »
TOTAUX	6,252	457,166,598 40

MOUVEMENT GÉNÉRAL DE LA CAISSE.

N° 9.

RECETTES ET PAYEMENTS.

ANNÉES.	ESPÈCES.				EFFETS.				COUPONS.				TOTAUX.	
	DÉBIT.		CRÉDIT.		ENTRÉE.		SORTIE.		ENTRÉE.		SORTIE.			
	FR.	C.	FR.	C.	FR.	C.	FR.	C.	FR.	C.	FR.	C.	FR.	C.
1860.	1,017,689,986	25	1,016,201,473	75	99,162,443	80	76,112,755	16	3,243,145	91	2,884,042	55	2,215,293,847	42
1861.	1,159,878,063	54	1,158,314,108	62	199,790,085	36	179,686,226	13	11,968,383	40	11,179,438	65	2,720,816,305	70
1862.	1,524,774,102	61	1,522,712,498	97	167,464,192	77	160,019,386	46	17,988,459	54	17,409,068	60	3,410,367,708	95

MOUVEMENT GÉNÉRAL DES TITRES.

N° 10.

OBLIGATIONS FONCIÈRES.

		OBLIGATIONS DE					PROMESSES D'OBLIGATIONS.	TOTAUX.
		500 fr. 3 0/0.	500 fr. 4 0/0.	100 fr. 4 0/0.	500 fr. 3 0/0.	100 fr. 3 0/0.		
		FR.	FR.	FR.	FR.	FR.	FR.	FR.
Titres en circulation au 31 décembre	1860...	63,030,000	61,132,500	20,946,800	25,515,000	4,284,200	1,475,700	176,384,200
	1861...	118,604,000	85,521,000	18,902,800	28,473,000	6,299,500	1,347,900	259,148,200
	1862...	184,600,500	88,199,000	20,702,700	29,559,500	6,243,100	1,112,200	330,417,000
Titres amortis au 31 décembre	1860...	709,500	1,537,000	578,400	1,003,000	209,700	136,100	4,173,700
	1861...	1,268,500	2,120,500	709,700	1,224,000	242,600	145,500	5,710,800
	1862...	2,788,500	2,723,000	873,300	1,438,500	299,000	154,900	8,277,200

SERVICE DES DÉPOTS.

OBLIGATIONS FONCIÈRES ET OBLIGATIONS COMMUNALES

DÉPOTS LIBRES.

N° 11. (Certificats nominatifs.)

ANNÉES.	OBLIGATIONS FONCIÈRES.						OBLIGATIONS COMMUNALES.					
	ENTRÉE.		SORTIE.		SOLDE.		ENTRÉE.		SORTIE.		SOLDE.	
	TITRES.	SOMMES.	TITRES.	SOMMES.	TITRES.	SOMMES.	TITRES.	SOMMES.	TITRES.	SOMMES.	TITRES.	SOMMES.
		FR.		FR.		FR.		FR.		FR.		FR.
1861.....	63,367	26,950,800	22,908	7,651,500	139,393	59,859,900	2,849	1,424,500	1,954	977,000	5,382	2,691,000
1862.....	99,937	47,020,200	31,773	12,970,500	207,577	93,909,600	27,248	13,050,400	3,872	1,846,800	28,758	13,894,600

DÉPOTS ENGAGÉS.

N° 12. (Avances.)

ANNÉES.	OBLIGATIONS FONCIÈRES.			OBLIGATIONS COMMUNALES.		
	ENTRÉE.	SORTIE.	SOLDE.	ENTRÉE.	SORTIE.	SOLDE.
	FR. C.	FR. C.	FR. C.	FR. C.	FR. C.	FR. C.
1860.....	15,911,000 »	12,216,500 »	10,927,200 »	»	»	»
1861.....	41,640,400 «	7,000,600 »	24,639,700 »	7,292,700 »	4,244,800 »	3,047,900 »
1862.....	11,612,800 »	24,139,100 »	12,113,400 «	13,637,000 »	12,670,600 »	4,014,300 «

MOUVEMENT GÉNÉRAL DES ACTIONS.

N° 13.

ANNÉES.	NOMBRE DES TRANSFERTS.	NOMBRE DES ACTIONS TRANSFÉRÉES.
1852	501	14,073
1853	2,994	96,463
1854	1,922	69,525
1855	1,497	35,479
1856	2,708	93,332
1857	1,125	38,475
1858	1,118	24,254
1859	801	16,068
1860	1,196	20,880
1861	1,401	21,474
1862	3,089	90,800

Paris. — Imp. Paul Dupont, rue de Grenelle-Saint-Honoré, 45.

www.ingramcontent.com/pod-product-compliance
Ingram Content Group UK Ltd.
Pitfield, Milton Keynes, MK11 3LW, UK
UKHW021025200726
13857UKWH00004B/1595